9e Année — No 2   Avril 1917

SAINT-NICAISE DE ROUEN

La Vie Paroissiale

BULLETIN TRIMESTRIEL

Abonnement	**1 fr. 50**
Abonnement de Bienfaiteur	**5 fr.** »
Le Numéro	**0 fr. 25**

Lire, faire lire et conserver

MERCI

Nous demandons à Dieu de bénir toutes les personnes qui, à l'occasion du Pain bénit de Saint-Nicaise, ont bien voulu remettre leur offrande habituelle pour les œuvres charitables de la paroisse et nous leur offrons nos plus sincères remerciments.

Que Dieu bénisse et récompense aussi les pieuses et courageuses jeunes filles qui, fières de continuer les nobles traditions de leurs aînées, sont allées diligentes par la ville remplir leur ministère de charité.

ŒUVRE DU PAIN DE SAINT-ANTOINE

Le nombre des **Miséreux de la ville de Rouen**, non comprises les nombreuses familles pauvres de Saint-Nicaise, présents à la Messe et à la distribution de chaque dimanche, s'élève, depuis l'établissement de l'œuvre, à **517.968**. La quantité de pain distribué s'élève à **333.236** kil.

En tenant compte de tous les secours distribués aux indigents en pain, viande, charbon, vêtements, linge, chaussures, loyers, etc., il a été dépensé à Saint-Nicaise depuis le 20 mars 1894 jusqu'à ce jour, la somme de **441.311** fr. **35.**

Rouen, 25 Mars 1917.

MES BIEN CHERS PAROISSIENS,

Quand vous lirez ces lignes, nous serons déjà en pleine Semaine Sainte et je me réjouis à la pensée que la Vie Paroissiale vous arrivera à temps pour vous rappeler le devoir, le grand devoir pascal.

C'est le moment où jamais pour le prêtre à qui Dieu a confié la garde et la direction des âmes d'élever la voix bien haut et sans défaillance : « Préparez les avenues de votre âme... voici que votre Roi très doux s'avance pour y faire son entrée solennelle. »

Je m'adresse à vous tous, mais à vous surtout que je ne vois jamais ou si peu souvent, le dimanche, à vous qui depuis quelques années, depuis longtemps déjà peut-être, avez cessé d'obéir à Dieu, à vous qui m'êtes très chers quand même, à vous qui avez une âme, à vous que je ne puis voir sans une douleur profonde courir en aveugles à votre éternité.

Vous croyez à l'existence de Dieu, votre raison vous l'affirme hautement et vous en avez cent autres preuves. Il existe, il est le Maître souverain, il a le droit de commander. Il nous donne à tous l'ordre plein de bonté, mais formel, d'unir intimement dans l'acte de la communion sacramentelle à la misère de notre être débile la splendeur adorable de son Être divin. Cela, il ne le conseille pas, il l'ordonne de façon absolue, impérieuse, catégorique. Il menace même de mort ceux qui refuseront de lui obéir. « Si vous ne mangez ma chair, si vous ne buvez mon sang, vous n'aurez pas la vie en vous. »

N'avoir pas la vie en soi, qu'est ce donc ? C'est avoir l'âme à l'état de cadavre, ou tout au moins à la manière d'un corps plongé en léthargie. Les malheureux qui sont immobilisés par le sommeil léthargique ont des yeux et ne voient pas, des oreilles et n'entendent pas, ils sont figés tout entiers dans une immobilité effrayante ; incapables de la moindre manifestation de vie, on les prend pour des morts et souvent, cloués ainsi dans le cercueil, ils font dans l'horrible nuit de la tombe, une fin effroyable.

Pour bien mourir, il faut, à l'heure inévitable, avoir l'âme

bien vivante; elle s'échappe alors de la chrysalide qui tombe, et
elle s'envole aux régions divines où s'épanouit dans toute sa
plénitude la vie surabondante ; si l'âme, alors n'a pas la vie en
elle, c'est l'éternel, c'est l'affreux ensevelissement au séjour de
la damnation. Une âme qui n'a pas la vie en elle, c'est l'arbre
qui, privé des rayons lumineux et chauds, s'est desséché petit
à petit ; la cognée le sape par la racine, il tombe et par mor-
ceaux on le jette au feu.

Vous avez beau dire et vous avez beau faire, si vous ne com-
muniez pas, vous n'avez pas la vie en vous.

« Voici de beaux ans que je ne fais plus mes Pâques et pourtant ! dites-vous… »

Pourtant ! Vous vous agitez, vous allez ici et là où vous
appellent vos occupations. Vous prenez de la peine, vous ne
vous donnez guère de repos et je vois souvent sur vos traits
amaigris, dans votre regard battu, la trace indéniable de votre
activité et de votre fatigue.

A l'instar des animaux, pour l'homme, ce n'est point essen-
tiellement dans le mouvement du corps que consiste la vie. Si
le mouvement développe les organes et les membres, il les
fatigue aussi et il y produit à la longue l'usure qui amène la
mort.

La vie pour l'homme, la vraie vie qui dans son épanouis-
sement constant produit au plus intime de son être une
impression très pure, une sensation très vive de bonheur, la
vie, source des sentiments les plus nobles et les plus élevés,
mobile des actes les plus généreux, ce n'est pas non plus en
son activité intellectuelle, le mouvement des facultés de l'âme ;
la vie pleine et véritable, c'est la paix de la conscience satisfaite,
c'est le témoignage qu'elle se rend à elle-même, qu'elle s'est
ennoblie et surélevée en donnant à Dieu son maître le perpétuel
hommage de son obéissance, c'est la transfiguration de tout
son être, porté par Dieu dans les régions supérieures et divines
du surnaturel.

Cet influx merveilleux de vie supérieure, cette transmission
de vitalité surhumaine, Dieu l'apporte à l'homme par lui-même
terre à terre et chétif, dans l'acte divin de la Communion.
Dans cette union intime, Dieu inocule, Dieu verse à flots la vie
qui déborde de son être infini.

Vous avez beau faire et vous avez beau dire, si vous ne com-
muniez pas, vous ne vivez pas, vous végétez ; vous ne marchez
pas, vous vous traînez ; lampes dégarnies, vous ne donnez

plus de lumière ; foyers privés d'aliment, en vous et de vous la chaleur ne rayonne plus, vous n'êtes plus que des tabernacles vides, des sanctuaires abandonnés, des instruments muets, sans harmonies.

Vous n'y pouvez mais, il vous est impossible d'échapper à la loi générale qui condamne infailliblement au désordre, à la souffrance et à la destruction tout être qui ne remplit pas la fin pour laquelle il est créé.

Dieu qui veut au calice de la fleur le coloris éclatant, la goutte de miel et l'enivrant parfum, veut au cœur de l'homme la merveilleuse beauté et les infinies perfections de son Être divin, présent et assimilable dans l'Eucharistie.

Si vous vous obstinez à tenir fermée au visiteur bienfaisant, à l'hôte céleste, la porte de votre cœur, vous n'aurez pas la vie en vous, pas en vous la paix, le bonheur, la satisfaction de la conscience ; pas en vous la lumière, la force surnaturelle, mais vous irez sûrement à la mort éternelle. Patient parfois d'incroyable façon, dans les délais indéfinis de sa miséricorde, Dieu finit, par trop longtemps repoussé, par laisser agir sa justice et ceux-là qui n'ont pas voulu la vie pendant les courtes années de leur existence ici-bas, il les condamne, par delà la tombe, irrévocablement, à l'horreur et aux souffrances de la mort éternelle.

Chers paroissiens, chers lecteurs, en cette année 1917, faites tous vos Pâques. Oui, tous, parce que vous tous qui me lisez et qui avez la foi, vous savez bien que j'ai raison de vous le demander ; vous qui êtes en retard, voilà assez longtemps que la foi de votre enfance, que votre conscience depuis longtemps malmenées, vous le demandent impérieusement. Que vous serez heureux et que vous rendrez heureux là tout près de vous, au sein même de votre foyer, ceux et celles qui depuis longtemps souffrent silencieusement de votre état.

Faites vos Pâques pour Dieu, pour vous, pour votre famille.

Pour le bon exemple, faites vos Pâques. Y avez-vous bien songé, en refusant obstinément jusqu'ici d'obéir à Dieu, que d'âmes peut-être vous avez scandalisées !

Faites vos Pâques pour la France, oui pour la France ! Méditez plutôt ces paroles que je découpe à votre intention dans un récent article de Pierre l'Ermite. Ces paroles il les adresse au soldat qui attend depuis si longtemps la fin de la guerre.

. .

« Tu as la foi, alors agis en conséquence... fais le pas !...

Si toi, catholique, tu refuses de le faire, *tu t'inscris contre la victoire du pays...*

Que veux-tu !... les hommes ont beau se raidir et plastronner avec de grands airs.

La vérité reste la vérité.

Cent mille personnes diraient que 2 et 2 font 5... c'est inexact.

Toutes les Académies déclareraient en séance solennelle que Dieu ne s'occupe pas de nos affaires, le chrétien croit, dur comme du fer, qu'il s'en occupe... et que c'est même lui qui fait le principal...

Alors, pourquoi te dérober devant son appel ?...

Pourquoi faire comme si tu ne l'entendais pas ?...

Crois-tu que la fuite ne l'indispose pas contre la cause que tu défends ?...

Existe-t-il une autre raison !... Aurais-tu peur ?...

Peur ?... toi, le poilu !...

Peur de quoi ?... de la confession ?... Que ce serait bébé !... Crois-tu que le prêtre ne connaît pas tes fautes !... mais je l'écrirais ici, ta confession... ta pauvre confession humaine. C'est tellement, comme la grippe ou la fièvre typhoïde, toujours la même chose !

Peur de quoi ?... je ne vois pas... je ne vois plus... Tout, au contraire, doit te pousser vers Dieu.

C'est en vain que le cultivateur jette sa semence à travers les champs, si Dieu ne fait pas luire son soleil et tomber sa pluie...

C'est en vain que tu as des canons de plus en plus gros, si ta prière devient de plus en plus petite.

L'autre dimanche, dans mon village, un G. V. C., fumant sa pipe, regardait — oh ! pas méchant, mais narquois — la sortie de la messe.

— Qu'est-ce qu'il attend donc, votre bon Dieu pour régler le compte aux Boches ?... cria-t-il entre deux bouffées, à une paysanne.

— Il attend que tu pries !

Cette paysanne résumait toute la situation.

Conclus !...

Si tu es un homme, va !... Et d'un acte de volonté, remplis ce devoir.

Si, malgré ton casque et ta moustache de guerrier, tu es un roseau peint en fer, un pauvre être qui ne sait pas vouloir, essaye du moins... appuie-toi sur quelqu'un ou sur quelque chose... sur un souvenir... sur un amour... sur une crainte !...

Les deux mains de Dieu vont chercher même le doigt qui hésite a se tendre.

Et alors, quelle force descendra en toi !... Et quelle tranquillité pour les tiens !...

Combien j'en ai vu de mères, d'épouses, de fiancées en deuil !... Elles arrivent, se laissent tomber sur une chaise, et sanglotent dans leurs voiles noirs :

— Ils me l'ont tué !...

Mais quand elles peuvent ajouter : « Il était en règle... il avait communié !... » alors la grande paix de Dieu... celle qui dépasse tout langage humain, s'étend déjà sur ces âmes écrasées...

C'est le soleil après l'orage... le soleil, qui sèche... qui relève... qui réchauffe... qui ressuscite, qui chante la vie et l'amour sur les ruines et les froidures de n'importe quel hiver.

Mais s'ils ne se sont pas confessés... s'ils n'ont pas communié !... Quel désarroi d'espoir !

Encore une fois, conclus...

Petit soldat, ces lignes sont écrites pour toi.

Elles sont écrites par un prêtre. Mais tous les prêtres les signeraient, elles ne sont que l'expression de la volonté du Christ : *Celui qui ne mange pas mon Corps et qui ne boit pas mon Sang ne peut pas avoir la vie en lui... »*

Médite-les devant ta conscience et devant la mort guetteuse...

Mes bien chers paroissiens, vous surtout à qui principalement j'écris aujourd'hui, veuillez croire à mon très sincère et profond dévouement et recevez l'assurance de ma plus cordiale affection en Notre-Seigneur.

R. DESCROUT,
Curé de Saint-Nicaise.

ANNONCES PAROISSIALES

AVRIL

1. — Dimanche des Rameaux. — A 9 h. 1/2, aspersion, bénédiction et distribution des Rameaux, procession, grand'messe, chant de la Passion. — Après Complies, *Stabat Mater*.

2. — Lundi-Saint, premier du mois. — Le soir, à 8 h., lecture et chants en l'honneur de **NOTRE-DAME DE LOURDES**.

3. — Mardi-Saint, premier du mois. — A 6 h. 1/4 et 8 h. 1/2, messes à l'autel de **SAINT-ANTOINE-DE-PADOUE**. La première pour les soldats. A 4 h. 1/2, **RÉUNION MENSUELLE DES ASSOCIÉS DE L'ARCHICONFRÉRIE**. Cantiques, Recommandations, litanies, *instruction*, salut.

4. — Mercredi-Saint. — Le soir, à 8 h., chant d'une lamentation de Jérémie, **Chemin de la Croix**.

5. — Jeudi-Saint. — A 8 h., grand'messe de communion suivie du dépouillement des autels. — A 3 h., cérémonie du *Lavement des pieds*.

Prière d'offrir des bougies pour allumer devant le Saint-Sacrement toute la journée et demain autour du Crucifix de mission exposé.

A 8 h., **CÉRÉMONIE EUCHARISTIQUE DE L'HEURE SAINTE**.

6. — Vendredi-Saint. — Le matin, office à 8 h. Le soir, à 8 h., **Récit de la Passion de Notre-Seigneur, par les petites filles en blanc, puis cérémonie de la Vénération du Crucifix de Mission**.

Les hommes et les jeunes gens sont invités à se grouper dans la nef latérale, auprès du groupe de Notre-Dame de Pitié.

Pendant la Passion, pendant la Vénération du Crucifix de Mission, exposé dans le chœur, on chantera les cantiques : *Au sang qu'un Dieu va répandre, Parle, commande, règne, etc.*

Quête pour les Lieux Saints.

Samedi-Saint. — A 7 h. 1/2, Bénédiction du Feu. *Exultet.* Bénédiction des Fonts baptismaux. Grand'messe. Vêpres pascales.

C'est un usage très ancien et très louable que d'avoir chez soi de l'eau bénite. Penser à la renouveler aujourd'hui et à la veille de la Pentecôte. Si on vient à en manquer, en demander à la sacristie.

8. — **DIMANCHE DE PAQUES.** Double de 1re classe avec Octave. — A 7 h. 1/4, messe de communion des hommes et jeunes gens. A 10 h., tierce, grand'messe. A 2 h. 1/2, vêpres pascales, procession aux Fonts baptismaux. *Quicumque.* Salut avec procession. Après le salut, **Bénédiction des Enfants.**

9. — **Lundi de Pâques.** Double de 1re classe. —Grand'messe à 8 h. Vêpres à 2 h. 1/2.

10. — **Mardi de Pâques.** — Grand'Messe à 8 h. Vêpres à 8 h.

13. — A l'autel du Sacré-Cœur, messes suivies des litanies. **Communion des premiers vendredis.** A 8 h., messe avec chants. Le soir, à 8 h., **RÉUNION MENSUELLE DES ASSOCIÉES DES PREMIERS VENDREDIS.** Prière, allocution, salut solennel, consécration au Sacré-Cœur, cantique. Depuis la première messe jusqu'au soir, **Exposition et Adoration du Saint-Sacrement.**

15. — Dimanche de Quasimodo, Double majeur.

18. — Mercredi. — Après les messes, invocations à Notre-Dame du Perpétuel-Secours. A 8 h., **RÉUNION MENSUELLE EN L'HONNEUR DE NOTRE - DAME DU PERPÉ-TUEL-SECOURS.** Prière, recommandations, *instruction,* salut et cantique.

22. — 2e Dimanche après Pâques. Clôture de la période pascale.

25. — A 8 h., **RÉUNION DES HOMMES DE SAINT-NICAISE.**

29. — **Solennité de Saint Joseph.** Double de 1re classe.

MAI

Mois de Marie

1° *Trois cents jours,* pour chaque jour du mois en faveur de ceux qui, en public ou en particulier, honorent la Très Sainte Vierge par des prières ou autres actes et pratiques de vertus ;

2° *Indulgence plénière,* une fois dans le courant du mois, s'ils se confessent, communient et prient aux intentions de Notre Saint-Père le Pape.

— 48 —

Les Exercices du Mois de Marie se feront :

Le dimanche, avant le salut ; les lundi, mardi et jeudi à 6 h. ; les mercredi et vendredi à 8 h. ; le samedi, le matin à 6 h. 1/4.

1. — Premier mardi. — A 6 h. 1/4 et 8 h. 1/2, messes à l'autel de **SAINT-ANTOINE-DE-PADOUE**. La première pour les soldats. A 4 h. 1/2, **RÉUNION MENSUELLE DES ASSOCIÉS DE L'ARCHICONFRÉRIE**. Cantiques, recommandations, litanies, *instruction*, salut.

3. — Invention de la Sainte-Croix. Double de 2e classe. Indulgence plénière à quiconque récitera dans le courant de la journée une prière au pied du Crucifix de Mission érigé en face de la chaire.

4. — Premier vendredi. — A l'autel du **SACRÉ-CŒUR**, messes suivies des litanies. **Communion des premiers vendredis**. A 8 h., messe avec chants. Le soir, à 8 h., **RÉUNION MENSUELLE DES ASSOCIÉES DES PREMIERS VENDREDIS**. Prière, allocution, salut solennel, consécration au Sacré-Cœur, cantique. Depuis la première messe jusqu'au soir, **Exposition et adoration du Saint-Sacrement**.

3, 4, 5. — *Retraite des enfants de la Première Communion privée.*

6. — 4e Dimanche après Pâques. **PREMIÈRE COMMUNION PRIVÉE DES ENFANTS DE LA PAROISSE.**

Lire à ce sujet dans ce numéro de la *Vie Paroissiale* l'Encyclique du Souverain Pontife et les instructions de Son Éminence le Cardinal-Archevêque.

9. — Après les messes, invocations à **NOTRE-DAME DU PERPETUEL-SECOURS**. Le soir, à 8 h., **RÉUNION MENSUELLE**. Recommandations, instruction, chapelet, salut et cantique.

10. — **PÈLERINAGE PAROISSIAL A NOTRE-DAME DE BONSECOURS**. *Réunion à Saint-Nicaise, départ à 6 h moins le quart. Le cortège sera formé par rangs de quatre dans l'ordre suivant : Hommes, garçons, petites filles, jeunes filles, dames. Comme les années précédentes, on montera à Bonsecours en silence ou en égrenant à voix basse son chapelet. A Notre-Dame de Bonsecours, à 7 heures, messe de communion au maître-autel. Après la messe : chapelet et, dans l'ordre indiqué ci-dessus, procession au calvaire puis à la tombe de M. le chanoine Lamy. Nous espérons que ce pèlerinage, si*

recueilli et si bien suivi les années passées, sera plus fervent encore et comptera plus de pèlerins en cette troisième année de guerre.

13. — 5e Dimanche après Pâques.

14, 15, 16, Prières des **Rogations** (sans jeûne ni abstinence). A 6 h. 1/4, procession, grand'messe.

17. — **ASCENSION DE N.-S.** Double de 1re classe avec Octave.

19. — Ouverture de la **Neuvaine au Saint-Esprit.**

20. — Dimanche dans l'Octave de l'Ascension. Solennité de la **Bienheureuse Jeanne d'Arc.** Double de 2e classe.

23. — Le soir, à 8 h., **RÉUNION DES HOMMES DE SAINT NICAISE.**

26. — Vigile de la Pentecôte (jeûne et abstinence). *A 7 h. 1/2,* bénédiction des fonts suivie de la grand'messe.

27. — Dimanche de la Pentecôte. Double de 1re classe avec Octave.

28. — Lundi de la Pentecôte. Double de 1re classe. Grand'messe à 8 h. Vêpres le soir à 8 h.

30. — Mercredi. *Quatre-Temps.* A 4 h. 1/2, *Ouverture de la Retraite de Communion solennelle.*

31. — Retraite.

JUIN

Mois du Sacré-Cœur

Indulgences : *Sept ans,* une fois par jour pour tous ceux qui soit en public soit en particulier, font un exercice pieux en l'honneur du Sacré-Cœur. — *Indulgence plénière* un jour du mois à leur choix, aux conditions ordinaires.

1, 2. — Retraite préparatoire à la Communion solennelle.

1. — *Quatre-Temps.* Premier vendredi. A l'autel du Sacré-Cœur, messes suivies des litanies. **Communion des premiers vendredis.** A 8 h., messe avec chants. Le soir, à 8 h., **RÉUNION MENSUELLE DES ASSOCIÉES DES PREMIERS VENDREDIS.** Prière, *allocution,* salut solennel, consécration au Sacré-Cœur, cantique. Depuis la première messe jusqu'au soir, **Exposition et Adoration du Saint-Sacrement.**

2. — *Quatre-Temps.*

3. — Fête de la Sainte Trinité. **PREMIÈRE COMMUNION SOLENNELLE DES ENFANTS DE LA PAROISSE.** Messes basses à 6 h. 1/4, 7 h. 1/4 et 8 h. A 9 h.,

grand'messe de communion, allocution avant et après la communion. A 3 h., vêpres, sermon, procession aux fonts baptismaux, allocution, consécration à la Sainte Vierge, salut solennel.

Nous serons très heureux de voir les personnes qui recevront ce jour là Notre-Seigneur, accompagner à la sainte table les petits communiants à la messe de 9 heures. Ce sera pour chacun une excellente manière de fêter solennellement l'inoubliable anniversaire de sa première communion.

4. — Lendemain de la Première Communion. — Messe basse à 6 h. 1/4. Messe d'action de grâces à 9 h. A 2 h., départ du pèlerinage à Notre-Dame de Bonsecours. — *Les enfants se rendront aux écoles à 1 h. 45 pour monter ensemble à Bonsecours.* A 3 h., commenceront les exercices du pèlerinage.

DU 5 AU 13 JUIN

NEUVAINE

DE

Saint-Antoine-de-Padoue

ET

RETRAITE PAROISSIALE
prêchées par le R. P. BERNARD

5. — Messes à 6 h. 1/4 et 8 h. 1/2 à l'autel de **SAINT ANTOINE DE PADOUE**. A 4 h. 1/2, Ouverture de la Neuvaine. — A 8 h., Ouverture de la Retraite paroissiale.

7. — Fête du Saint-Sacrement. Double de 1re classe. Messe à 6 h. Grand'messe à 8 h.

10. — **SOLENNITÉ DU TRÈS SAINT SACREMENT.** Double de 1re classe. A 10 h., tierce, grand'messe. A 2 h. 1/2, vêpres, procession du Saint-Sacrement et stations aux reposoirs. A la grand'messe et aux vêpres, sermon par le P. Bernard.

Pendant la Neuvaine, à partir du 5, sermon à 4 h. 1/2 et à 8 h. ; à partir du 6, instruction le matin après la 1re messe, qui sera dite à 6 h., au lieu de 6 h. 1/4.

13. — **FÊTE DE SAINT ANTOINE DE PADOUE.** Messes basses à 6 h., 7 h. et 8 h. Grand'messe à 9 h, Vêpres, sermon et salut à 4 h. 1/2. Le soir, à 8 h., **Clôture solennelle de la Retraite paroissiale.**

Les **HOMMES DE SAINT-NICAISE** *sont invités particulièrement à assister aux réunions du soir, à 8 h., pendant la retraite paroissiale.* Les places qui se trouvent auprès du monument élevé à la mémoire des soldats de Saint-Nicaise tombés à l'ennemi leur seront réservées.

15. — Fête du Sacré-Cœur de Jésus. Double de 1re classe. *Toute cette semaine, grand'messe à 8 h.*

17. — **SOLENNITÉ DU SACRÉ-CŒUR DE JÉSUS.** Double de 1re classe. A 10 h., tierce, grand'messe. A 2 h. 1/2, vêpres, complies, salut, procession du Saint-Sacrement et Stations aux reposoirs. *Les jeunes filles et les petites filles sont invitées à se mettre en blanc les deux dimanches du Saint-Sacrement pour escorter Notre-Seigneur. Les petits garçons avec leur brassard et les petites filles avec leur parure de première communion prendront part aussi à la procession les deux dimanches.*

22. — **Pèlerinage paroissial à l'église du Sacré Cœur.** Réunion à Saint-Nicaise à 6 heures moins le quart. Départ du cortège comme pour Bonsecours. Messe à 7 h. à l'église du Sacré-Cœur.

24. — Nativité de saint Jean-Baptiste. Double de 1re classe avec Octave.

Mademoiselle MULET

Samedi 10 février, à 9 heures, un Service funèbre a été célébré pour le repos de l'âme de Mlle Mulet, en l'église Saint-Nicaise.

La paroisse devait bien cette marque de chrétienne gratitude à celle qui a passé ici la plus grande partie de sa vie : quarante années tout entières à la formation, à l'éducation chrétiennes de l'enfance.

« Donner à la jeunesse une formation sérieuse, c'est, dit un saint docteur, un art difficile entre tous. »

Les bonnes chrétiennes qui furent dans le passé les élèves de la Sœur Sainte-Austreberthe témoignent de la ferme sollicitude et du plein succès de la pieuse éducatrice.

Mêlée intimement à la vie de la paroisse, elle fut pendant de longues années l'instrument docile surtout du vénéré M. le chanoine Lamy.

Mettant au service d'un grand cœur une énergie peu commune, elle remplit, plus encore par ses œuvres que par les années, une longue carrière.

Son nom et son souvenir resteront, croyons-nous, pendant de longues années, un peu comme ceux des vénérés MM. Prévost et Lamy, justement populaires dans la paroisse Saint-Nicaise.

Nous ferons mieux que de garder son souvenir, nous prierons pour elle et demanderons à Dieu de lui donner au ciel, la mesure pleine, surabondante, d'éternel bonheur qu'il a promis à ceux qui furent sur la terre ses dévoués serviteurs.

Dans son numéro du 10 février, le *Bulletin Religieux* insérait la note suivante rédigée par M. l'Inspecteur diocésain.

« Mlle Mulet, née à Saint-Ouen-du-Breuil, était entrée à la Communauté des Sœurs de la Miséricorde à l'âge de 19 ans, où elle reçut le nom de Sœur Sainte-Austreberthe. Après un apprentissage fait au Havre, dans une profession qu'elle devait grandement honorer par des aptitudes marquées et une compréhension austère du devoir, elle devint, à l'âge de 26 ans, directrice de l'école Saint-Nicaise de Rouen ; elle y demeura 40 ans, d'abord comme congréganiste, puis comme sécularisée. En septembre 1915, à la demande de M. l'Inspecteur diocésain, elle accepta d'aller à Saint-Victor-l'Abbaye, où, précieuse auxiliaire de M. le Curé, elle dirigeait le patronage et catéchisait les enfants de la paroisse. »

Décret sur l'âge d'admission
à la Première Communion

Combien Jésus-Christ sur terre a entouré les petits enfants d'un amour de prédilection, les pages de l'Evangile l'attestent clairement.

Ses délices étaient de vivre au milieux d'eux ; il avait l'habitude de leur imposer les mains, de les embrasser, de les bénir.

Il s'indigna de les voir repoussés par ses disciples, qu'il réprimanda par ces paroles sévères : « Laissez venir à moi les petits enfants, et ne les empêchez pas : c'est à leurs pareils qu'appartiennent le royaume des cieux. » (MARC, X, 13, 14, 16). Combien il appréciait leur innocence et leur candeur d'âme, il l'a suffisamment montré quand, ayant fait approcher un enfant, il dit à ses disciples : « En vérité, je vous le dis, si vous ne devenez semblables à ces petits, vous n'entrerez point dans le royaume des cieux. Quiconque s'humiliera pour être comme ce petit, celui-là est plus grand que tous dans le royaume des cieux. Et quiconque reçoit un de leurs pareils en mon nom me reçoit » (MATHIEU, XVIII, 3, 4, 5).

En souvenir de ces faits, l'Eglise catholique, dès ses débuts, eut à cœur de rapprocher les enfants de Jésus-Christ par la communion eucharistique, qu'elle avait coutume de leur administrer dès le premier âge. C'est ce qu'elle faisait dans la cérémonie du baptême, ainsi qu'il est prescrit à peu près dans tous les rituels anciens, jusqu'au XIIIe siècle, et cette coutume s'est maintenue plus tard dans certains endroits : les Grecs et les Orientaux la conservent encore. Mais, pour écarter tout danger de voir des enfants non encore sevrés rejeter le pain consacré, l'usage prévalut dès l'origine de ne leur administrer l'Eucharistie que sous l'espèce du vin.

Après le baptême, les enfants s'approchaient souvent du divin banquet. Certaines églises avaient pour habitude de communier les tout petits enfants aussitôt après le clergé, et, ailleurs, de leur distribuer les fragments après la communion des adultes.

Puis cet usage disparut dans l'Eglise latine. On ne permit plus aux enfants de s'asseoir à la sainte Table que lorsque les premières lueurs de la raison leur apportaient quelque connaissance de l'auguste sacrement. Cette nouvelle discipline, déjà admise par quelques Synodes particuliers, fut solennellement confirmée et sanctionnée par le IVe Concile œcuménique de Latran, en 1215......

Mais, dans la fixation de cet âge de raison ou de discrétion, nombre d'erreurs et d'abus déplorables se sont introduits dans le cours des siècles. Les uns crurent pouvoir déterminer deux âges distincts, l'un pour le sacrement de la Pénitence, l'autre pour l'Eucharistie. Pour la Pénitence, à les entendre, âge de discrétion devait signifier celui où on peut discerner le bien du mal, et donc pécher; mais pour l'Eucharistie, ils requéraient un âge plus actif, où l'enfant pût apporter une connaissance plus complète de la religion et une disposition d'âme mûrie. De la sorte, suivant la variété des usages et des opinions, l'âge de la première communion a été fixé ici à 10 ou 12 ans, là à 14 ou même plus, et avant cet âge la communion a été interdite aux enfants et adolescents.

Cette coutume qui, sous prétexte de sauvegarder le respect dû à l'auguste sacrement, en écarte les fidèles, a été la cause de maux nombreux. Il arrivait, en effet, que l'innocence de l'enfant, arrachée aux caresses de Jésus-Christ, ne se nourrissait d'aucune sève intérieure ; et, triste conséquence, la jeunesse, dépourvue de secours efficace, et entourée de pièges, perdait sa candeur et tombait dans le vice avant d'avoir goûté les Saints Mystères. Même si l'on préparait la première communion par une formation plus sérieuse et une confession soignée, ce qu'on est loin de faire partout, il n'en faudrait pas moins déplorer toujours la perte de la première innocence, qui, peut-être, si l'Eucharistie avait été reçue plus tôt, eût pu être évitée......

Tels sont les dommages auxquels on donne lieu quand on s'attache plus que de droit à faire précéder la première communion de préparations extraordinaires, sans remarquer assez peut-être que ces sortes de précautions scrupuleuses dérivent du jansénisme, qui présente l'Eucharistie comme une récompense et non comme un remède à la fragilité humaine. C'est pourtant la doctrine contraire qui a été enseignée par le Concile de Trente, affirmant que l'Eucharistie est un « antidote qui nous délivre des fautes quotidiennes et nous préserve des péchés mortels » (session XIII, *de Eucharistia*, c. 2) ; doctrine qui a été rappelée avec force récemment par la S. Congrégation du Concile, ouvrant, par son décret du 26 décembre 1905, la Communion quotidienne à tous les fidèles, d'âge avancé ou tendre, et ne leur imposant que deux conditions : l'état de grâce et l'intention droite.

Certes, *on ne voit aucune raison légitime pour que*, tandis que dans l'antiquité on distribuait les restes des Saintes Espèces aux enfants encore à la mamelle, *on exige maintenant une préparation extraordinaire* des petits enfants qui vivent dans une si heureuse condition de la première candeur et de l'innocence, et *qui ont tant besoin de cette nourriture* mystique au milieu des multiples embûches et dangers de ce temps....

Ainsi donc, *de même que, pour la confession*, on appelle âge de discrétion celui auquel on peut distinguer le bien du mal, c'est-à-dire auquel on est parvenu à un certain usage de la raison ; *de même, pour la communion*, on doit appeler âge de discrétion celui auquel on peut discerner le pain eucharistique du pain ordinaire, et c'est précisément encore l'âge même auquel l'enfant atteint un certain usage de la raison....

Ce n'est donc pas une connaissance parfaite des choses de la foi qui est requise ; une connaissance élémentaire, c'est-à-dire *une certaine connaissance* suffit. Ce n'est pas, non plus, le plein usage de la raison qui est requis ; mais un commencement d'usage de la raison, c'est-à-dire *un certain usage de la raison* suffit.

En conséquence, *remettre la communion à plus tard*, et fixer pour sa réception un âge plus mûr est une *coutume tout à fait blâmable* et maintes fois *condamnée* par le Saint-Siège. Ainsi Pie IX, d'heureuse mémoire, par une lettre du cardinal Antonelli aux évêques de France, le 12 mars 1866, réprouva vivement la coutume qui tendait à s'établir dans quelques diocèses de différer la première communion jusqu'à un âge tardif et fixe. De même la Sacrée Congrégation du Concile, le 15 mars 1851, corrigea un chapitre du Concile provincial de Rouen, qui défendait d'admettre les enfants à la communion avant l'âge de 12 ans. De même encore, dans le cas de Strasbourg, le 25 mars 1910, la Sacrée Congrégation des Sacrements, consultée pour savoir si on pouvait admettre les enfants à la première communion à 12 ou à 11 ans, répandit : « *Les garçons et les fillettes doivent être admis à la communion, lorsqu'ils ont atteint l'âge de discrétion ou l'usage de la raison* ».

Après avoir mûrement pesé toutes ces raisons, la Sacrée Congrégation des Sacrements, réunie en assemblée générale, le 15 juillet 1910, afin que prennent fin définitivement les abus signalés et que les enfants s'approchent de Jésus-Christ dès leur jeune âge, vivent de sa vie et y trouvent protection contre les dangers de corruption, a jugé opportun d'établir, pour être observée partout, la règle suivante sur la première communion des enfants :

I. — *L'âge de discrétion, aussi bien sur la communion que pour la confession est celui où l'enfant commence à raisonner, c'est-à-dire vers 7 ans, plus ou moins — moins aussi. Dès ce moment commence l'obligation de satisfaire au double précepte de la confession et de la communion.*

II. — *Pour la première confession et la première communion, point n'est nécessaire une pleine et parfaite connaissance de la doctrine chrétienne. L'enfant devra ensuite continuer à apprendre graduellement le catéchisme entier, suivant la capacité de son intelligence.*

III. — La connaissance de la religion requise dans l'enfant pour qu'il soit convenablement préparé à la première communion est qu'il comprenne, suivant sa capacité, les mystères de la foi, nécessaires de nécessité de moyen, et qu'il sache distinguer le pain eucharistique du pain ordinaire et corporel, afin de s'approcher de la sainte Table avec la dévotion que comporte son âge.

IV. — L'obligation du précepte de la confession et de la communion, qui touche l'enfant, retombe sur ceux là surtout qui sont chargés de lui, c'est-à-dire les parents, le confesseur, les instituteurs, le curé. C'est au Père, ou à ceux qui le remplacent, et au confesseur, qu'il appartient, suivant le Catéchisme romain, d'admettre l'enfant à la première communion.

V. — Qu'une ou plusieurs fois par an, les curés aient soin d'annoncer et d'avoir une communion générale des enfants, et d'y admettre non seulement les nouveaux communiants mais les autres qui, du consentement de leurs parents ou de leur confesseur auraient déjà pris part à la Table sainte. Qu'il y ait pour tous quelques jours de préparation et d'instruction.

VI. — Tous ceux qui ont charge des enfants doivent mettre tous leurs soins à les faire approcher souvent de la sainte Table après leur première communion et, si c'est possible, même tous les jours, comme le désirent le Christ Jésus et notre Mère la Sainte Eglise ; qu'on veille à ce qu'ils le fassent avec la dévotion que comporte leur âge. Que ceux qui ont cette charge se rappellent aussi leur très grave devoir de veiller à ce que les enfants assistent aux leçons publiques de catéchisme. Sinon, qu'ils suppléent de quelque façon à leur instruction religieuse.

CHRONIQUE PAROISSIALE

Par le Baptême sont devenus enfants de Dieu et de l'Eglise : René-Georges-Marcel Folliot, rue Orbe, 88 ; Louise-Marthe-Yvonne Tordeux, rue Orbe, 6 ; Emilienne-Henriette-Paulette Frouard, rue de la Cage, 5 ; Marguerite-Emilienne Boulet, rue Orbe, 110 ; Roger-Charles-Julien Dupel, rue Coignebert, 42 ; Lucienne-Louise-Mauricette Guéraud, rue Orbe, 26 ; Lucienne-Adèle-Marguerite Duhamel, rue de la Roche, 10 ; Jean-Marie Saut, rue Pitry, 2 ; Marcelle-Marie-Ernestine Bideau, rue des Deux-Anges, 4 ; Georges-Raymond-Eugène Dusaussoy, rue Orbe, 34 ; Jean-André-Charles Boulard, rue des Champs, 8 ; Lucie-Marie-Augustine Tanqueray, boulevard Beauvoisine, 17 c ; Roland-Jules Corniquet, rue des Champs, 8 ; Madeleine-Albertine-Louise Mouchard, rue Coignebert, 18 ; Maurice-Charles-

Albert Mouchard, rue Coignebert, 18 ; Sylvia-Madeleine Agnès Ducroq, rue Saint-Nicaise, 42.

.·.

Ont comparu devant Dieu : Jean Cordon, 85 ans, rue des Capucins, 57 ; François-Emile Chevalier, 77 ans, rue des Capucins, 57 ; Camille-Angélina Garnier, veuve Durand, 92 ans, rue Poussin, 20 ; Victorin-Théodore Marie, 75 ans, rue des Capucins, 57 ; Victoire-Vénérande Plichet, veuve Jouen, 79 ans, rue des Capucins, 57 ; Véronique-Augustine Lecoq, veuve Sanson, 79 ans, rue Floquet, 1 ; Paul-Edouard Travers, 51 ans, boulevard Beauvoisine, 17 b ; Lucie-Elisa Legras, femme Hédouin, 49 ans, boulevard Beauvoisine, 17 c ; Victoire-Modestine Piednoël, femme Savary, 73 ans, rue des Capucins, 57 ; Marie-Appoline Castelot, 78 ans, rue Poussin, 20 ; Arthur-Théobald Voisin, rue des Capucins, 57 ; Louise-Lucienne Baudry, veuve Bouteiller, 80 ans, rue des Capucins, 57 ; Marie-Pierre Fouquet, 77 ans, rue des Capucins, 57 ; Alexandrine Gastebled, veuve Hérisson, 74 ans, rue des Capucins, 45 ; Catherine Colman, religieuse, 81 ans, rue des Capucins, 57 ; Séraphie-Eugénie Leroy, 90 ans, rue Saint-Nicaise, 27 ; Henry-Clovis Mutel, 85 ans, rue des Capucins, 57 ; Louise-Antoinette Fleury, femme Lacaille, 75 ans, rue Orbe, 122 ; Prosper-Gustave Lefebvre, 75 ans, rue des Capucins, 57 ; Charles-Edgard Cavé, 63 ans, rue des Capucins, 57 ; Annette Cocagne, veuve Prudent, 82 ans, rue de la Cage, 12 ; Sénateur-Félix Angrand, 68 ans, rue des Capucins, 57 ; Marguerite Duchêne, veuve Dubuisson, 75 ans, rue des Capucins, 57 ; Florentin-Auguste Vacossin, 18 ans, rue Saint-Nicaise, 5 ; Iphigénie Maheu, veuve Pinard, 89 ans, rue des Capucins, 57 ; Caroline-Virginie Lelarge, femme Vallée, 42 ans, rue Orbe, 76 ; Dubuc, 66 ans, rue des Capucins, 57.

Miséricordieux Jésus, donnez-leur le repos éternel !

.·.

Sont partis pour le Ciel : Henri-Marius Samson, 2 ans, rue Poisson, 9 ; Fernande-Germaine Aumont, 4 ans, rue des Capucins, 3 ; Gilberte-Raymonde Moriceau, 2 ans, rue Orbe, 54 ; Louis-Florent Baillet, 1 an, à la Bouverie (Belgique) ; Yvonne-Jeanne Limare, 3 ans 1/2, rue Saint-Nicaise, 1 ; André-Emilien Perrin, 5 ans, rue d'Enfer, 4 ; Emilienne-Eugénie Burel, 3 ans 1/2, rue Coignebert, 46 ; Roger-Roland Planage, 15 mois, rue Poisson, 3.

.·.

Se sont unis par les liens indissolubles du mariage : Victor-Athanase Guérard et Henriette-Léontine Brière ; Maurice-Alfred Havé et Marie-Antoinette Crevel ; Emile-Eugène Decollaz et Madeleine-Fernande Champion ; Amédée-Alphonse Breuque et et Juliette-Clémence Duval ; Constant-Marcel Thibault et Juliette-Marguerite Blondel ; Emile-Tranquille Courayer et Marguerite-Françoise Aubé ; Marcel-Marius Ruflier et Germaine-Marie Limare.

Madame HÉDOUIN

Avant que les restes vénérés de la très regrettée défunte aient laissé l'église pour le champ du repos, M. le curé tint à rendre un public hommage à l'excellente chrétienne que fut Mme Hédouin.

« Comme l'enfant trouve sa mère belle et bonne entre toutes; elle aimait, par dessus toute autre, sa chère église, sa chère paroisse Saint-Nicaise. Faisant plus que s'intéresser à toutes les œuvres paroissiales, elle s'y donnait tout entière avec un zèle actif et soutenu.

En proie déjà au mal terrible qui devait l'emporter, son courage dominant la souffrance, elle s'en allait, il y a quelques mois à peine, parcourant les rues abruptes de la paroisse et recueillant, au prix de rudes fatigues, des offrandes destinées à soutenir nos écoles libres.

Dizainière de l'Association des Premiers Vendredis, elle s'acquitta avec un zèle tout chrétien de ses fonctions qu'elle considérait comme un ministère, un véritable apostolat.

Présidente de l'Ouvroir Sainte-Elisabeth dont elle eut la première la pensée, elle dirigea avec ardeur les séances de travail qui, depuis plusieurs années, procurent des vêtements à nos chers enfants et où se confectionnent les blanches cottas de nos enfants de chœur et les surplis de nos chantres, à l'entretien desquels elle se donna personnellement avec un soin si parfait pour l'amour de Dieu et de sa chère paroisse.

Quelques jours avant de mourir, elle se traçait à elle-même un nouveau programme de travail pour la prochaine année.

Préparée à la mort par une vie chrétienne et par les longues souffrances d'une douloureuse maladie, elle est de ceux auxquels on peut appliquer la parole des saints livres : « *Opera enim illorum sequuntur illos.* »

Elle a paru devant Dieu accompagnée par le cortège de ses bonnes actions. Nous prierons fidèlement pour elle, et, de son côté, goûtant au Ciel la récompense promise aux fidèles serviteurs, de là-haut elle priera pour sa chère paroisse et pour les siens qu'elle a tant aimés.

Dans leur immense douleur, ceux qui la pleurent trouveront une grande consolation dans l'espérance, dans la certitude chrétiennes de la retrouver un jour au Ciel où rien ne peut plus jamais attrister ni séparer ceux que Dieu lui-même avait tendrement unis sur la terre. »

Les familles qui ont la douleur de perdre quelqu'un des leurs, **sont priées de nous en avertir aussitôt et de bien vouloir s'entendre avec nous d'abord, pour l'heure et la cérémonie de l'inhumation.**

Il peut arriver parfois que l'administration des pompes funèbres, à la bonne volonté de laquelle d'ailleurs nous nous plaisons à rendre hommage, d'accord avec les familles, fixe les inhumations, sans que nous ayons été consulté, à des heures qu'il nous est matériellement impossible d'accepter. Il en résulte au dernier moment pour les familles, l'inconvénient de nouvelles démarches et de contre-ordres fâcheux pour les invitations.

Nous tenons à avertir que nous n'avons chargé aucune des administrations de la ville de traiter en notre nom pour ce qui concerne les détails de la Cérémonie religieuse des inhumations ; les familles doivent s'entendre directement avec nous à ce sujet.

Nous recommandons aux prières de nos lecteurs les chers soldats de la paroisse, **tués, blessés, prisonniers** ou **disparus.**

Pour être admis à faire ou renouveler leur Communion solennelle, les enfants des Catéchismes doivent assister à la Grand'Messe et aux Vêpres du Dimanche avec la plus grande régularité. Ils devront assister aussi très régulièrement aux Catéchismes. Ils n'en pourront être dispensés que pour cause de maladie et devront prier leurs parents d'avertir, en temps voulu, M. le Curé du motif de leur absence.

A partir de 9 ans, ils devront aussi assister à la messe du jeudi.

Mademoiselle Séraphie LEROY

Frappée subitement, la regrettée défunte n'a pas été surprise par la mort à laquelle elle était préparée par une longue vie tout entière passée au service de Dieu. Très courageuse, austère pour elle-même d'une façon incroyable, traitant le corps en esclave pour laisser l'âme régner en maîtresse, se privant elle-même pour faire plus largement la charité, elle était de cette forte race de vrais chrétiens qui connaissent l'Evangile et le mettent en pratique jusqu'en ses moindres conseils.

Nous prierons avec confiance pour que celui qui récompense même le verre d'eau donné en son nom, soit lui-même au ciel son éternelle récompense.

AUX HOMMES DE SAINT-NICAISE

MES BIEN CHERS AMIS,

Mes félicitations d'abord ! Quand sur les instructions de Son Eminence le Cardinal-Archevêque je vous ai invités à reprendre nos réunions mensuelles malheureusement interrompues depuis le commencement de la guerre, sans douter de vous, je me demandais avec une certaine anxiété s'il vous serait possible de répondre à l'appel. « Quand bien même vous ne seriez que trois, nous disait Son Eminence lors de sa visite du 15 octobre à Saint-Nicaise, Messieurs, reprenez vos réunions, à tout prix il ne faut plus les interrompre. » Vous l'avez vu comme moi, avec bonheur, nous étions plus de trois, puisque notre salle était pleine. Au rayonnement des visages, il était facile de voir que vous étiez heureux de nous retrouver ainsi réunis.

Le plus heureux de tous, vous le connaissez sans doute, moi je le connais mieux encore. Je souffrais tant de cette interruption prolongée, hélas ! comme la guerre.

Persévérez, mes chers amis ! Le but de nos réunions, il est multiple et répond à vos propres désirs. Je le formulais ainsi dans la lettre d'invitation que je vous adressais le 15 janvier dernier :

Resserrer les liens de chrétienne amitié qui doivent exister entre des hommes qui ont les mêmes croyances. L'union fait la force !

Grouper autour de leur curé, en un faisceau puissant, les catholiques de la paroisse, désireux comme lui de voir se développer, pour le bien de tous, la connaissance et les pratiques de notre sainte religion.

Se tenir au courant du fonctionnement des différents organismes qui constituent la vie de la paroisse. On n'aime bien que ce qu'on connaît bien.

Enfin, s'instruire au cours de familières et cordiales causeries de ce qu'il importe le plus à l'homme de savoir et de ce dont il entend souvent le moins parler. — On est plus porté au bien, plus heureux, plus à même de contribuer au bonheur de ceux qu'on aime, quand on est soi-même plus éclairé.

Dès la première réunion, nous avons abordé le programme d'études qui nous a été demandé par notre vénéré Cardinal et que je me réservais d'ailleurs d'entreprendre avec vous après avoir épuisé quelques questions préliminaires.

Je vous ai dit déjà ce qu'est l'Evangile : livre divin, honoré autrefois dans l'Eglise à l'égal de la sainte Eucharistie, conservé comme elle dans les tabernacles, comme elle porté avec respect en procession, livre inspiré que transcrivaient de leur main et que portaient sur leur cœur les premiers chrétiens, rayonnant foyer d'amour où ils puisaient la force surhumaine de vivre comme des saints et de mourir dans l'héroïsme du martyre.

Nous trouverons dans l'Evangile, groupés en un faisceau compact, tous les éléments de notre foi chrétienne, la théorie complète des vertus surnaturelles, la solution des problèmes les plus élevés qui soient et devant lesquels il est impossible de rester indifférent. Nous contemplerons surtout, rayonnante à chaque page, la délicieuse, l'adorable figure de Notre-Seigneur Jésus-Christ projetant dans les âmes qui la contemplent, avec les rayons de son éternelle et parfaite beauté, la lumière, le bonheur et la paix, sources génératrices de tous les dévouements et de toutes les vertus.

Et vous, mes chers amis du front, je tressaille avec bonheur à la pensée qu'en recevant ce numéro de la Vie Paroissiale, vous communierez à notre joie commune et vous associerez de loin par le désir et la sympathie à nos travaux mensuels. A la veille des événements qui vont amener enfin l'heureuse solution en vous faisant participer à l'héroïque effort et aux joies indi-

cibles de la victoire finale, je vous envoie l'expression de la cordiale et profonde sympathie de la paroisse. Vous avez toujours votre place bien grande dans nos pensées, nos préoccupations, nos soucis de chaque jour, votre place dans nos cœurs qui vous sont attachés plus que jamais, votre place dans nos prières plus ferventes et plus fréquentes aussi. Depuis le commencement du Carême, tous les jours, à Saint-Nicaise comme dans la France tout entière, devant le Saint-Sacrement exposé, pour vous, après la récitation du chapelet, après le chant du Miserere, on lit une belle et touchante prière.

*Bon courage toujours, mes chers amis, les jours surtout où vous aurez des heures plus dures à passer, souvenez-vous que nous sommes avec vous de pensée et de cœur. Pensez aussi, pensez surtout à Dieu qui attend pour vous donner enfin la victoire qu'un grand nombre de ceux qui chez nous ne daignent pas s'occuper de lui et le traitent en étranger, fléchissent enfin le genou et remettent entre ses mains, une fois encore, le sort des destinées de la France. Priez, mes amis, puis je vous l'écris comme je vous le dirais si vous étiez à Saint-Nicaise, **faites vos Pâques.** A ce devoir sacré ne manquez pas, de grâce, cette année moins que jamais.*

Courage! Prions, communions, combattons. Dieu est nôtre et nôtre la victoire!

Vous venez de lire la reprise de nos réunions. Quand vous serez de retour, quel bonheur de vous revoir, avec quelle joie les mains se serreront dans une étreinte fraternelle; comme vous serez entourés, vous les héros modestes mais pleins de mérite; il faudra bien que vous nous racontiez vos campagnes, vos souffrances, vos courageux exploits!

Courage et à bientôt. Voici que notre rédemption avance, la rédemption des pauvres territoires envahis, la rédemption des pauvres cœurs aimants qui vous attendent, la rédemption des paroisses privées des meilleurs de leurs fils, la rédemption de toute la France enfin victorieuse et plus que jamais aimée. Je vous serre cordialement la main.

Votre Curé,
R. **DESCROUT.**

CATÉCHISMES PAROISSIAUX

Voici par ordre de mérite les enfants qui se sont montrés les plus studieux au catéchisme pendant le dernier trimestre.

Persévérance

Garçons : Adrien Georges, Lucien Leblond, André Martin, Georges Vanecbop, Henri Périer, Eugène Lechevallier, Georges Bruyère, Roger Pannier, Marcel Canu, Ernest Carré, Maurice Dumure.

Petites Filles : Bernadette Bourhis, Fernande Cire, Simonne Giffard, Gabrielle Courayer, Louise Duhamel, Yvonne Foucu, Marcelle Ozannat, Irma Dupont, Eliane Lefebvre, Clotilde Decaux.

Première Communion

Garçons : Paul Cacheleux, Roger Ménager, Lucien Tocqueville, Maurice Courtois, Robert Martin, Jacques Chéron, René Vasselin, Raymond Martin, Georges Dan, François Conan.

Petites Filles : Madeleine Bourgeois, Odette Lefebvre, Suzanne Decaux, Yvonne Trouvé, Juliette Chopard, Charlotte Lecœur, Germaine Hamel, Marie-Thérèse Mascrier, Lucette Routier, Lucienne Laurent.

Préparatoire

Garçons : Bernard Bouquet, Jules Dufayel, Roger Dacquet, Jean Anquetil, Victor Humez, Robert Tocqueville, Gaston Carré, Roger Canu, René Martinot, Emile Masse.

Petites Filles : Charlotte Baillet, Renée Hatton, Emilienne Ygout, Marie-Louise Duval, Simonne Duhamel, Odette Lemonnier, Suzanne Lecœur, Marguerite Bruyère, Yvonne Hatton, Hélène Bruyère.

Antépréparatoire

Garçons : René Lecœur, Georges Routier, Edmond Georges, Louis Bosse, Emile Dubuc, Joseph Géniaux, Edouard Lebon, Raymond Mascrier, Jules Paris, René Paris, Louis Humez.

Petites filles : Laurence Dehors, Simonne Ménager,

Madeleine Geneste, Yvonne Calonne, Jeanne Monnier, Alphonsine Decaux, Christiane Guichard, Françoise Lebon, Simonne Payel, Renée Vasseur, Germaine Carré.

AVIS ET PRESCRIPTIONS
de Son Eminence le Cardinal-Archevêque

Importance des Catéchismes. — Les « Règlements » et les « Statuts diocésains » doivent être fidèlement observés. « Veiller à ce que les enfants soient assidus ». « Nous faisons de l'assiduité au catéchisme une condition nécessaire de l'admission à la première communion solennelle. Nul enfant ne sera admis à participer à cette cérémonie s'il n'a suivi pendant au moins deux ans les cours du catéchisme préparatoire. Nous ne ferons pas d'exception sur ce point. »

Première Communion privée des enfants. — Son Eminence le Cardinal insiste sur l'application du décret *Quam singulari* de Pie X. « Rien, ni la coutume antérieure, ni quelque considération que ce soit, ne doit prévaloir contre les prescriptions pontificales. »

Le Denier du Culte. — Le Denier du Culte fait l'objet de plusieurs recommandations de la Circulaire cardinalice, car le chiffre des recettes n'a pas correspondu intégralement l'année dernière aux traitements servis. Si ce fléchissement continuait, les traitements devraient donc être réduits en proportion. Que la somme justement-imposée à chaque paroisse pour sa part contributive au Denier du Culte soit donc recueillie en totalité. Que MM. les Curés fassent régulièrement la collecte. Et que les paroissiens sachent bien qu'ils ont, à fournir leur contribution personnelle, une obligation de conscience.

Chants d'églises. — Les livres de chant diocésains,

annonce le Cardinal, ne tarderont pas à être publiés. Il engage MM. les Curés à prévoir que des écoles de plain-chant seront à organiser en conséquence. On apprendra aux fidèles de bonne volonté les chants communs : *Kyrie, psaumes,* etc.

. .

Prononciation Romaine du latin. — La prononciation romaine du latin a été inaugurée à la Cathédrale le jour de Noël : Son Eminence verra avec plaisir qu'elle se propage.

(Bulletin Religieux).

ÉCOLES LIBRES PAROISSIALES

Voici le nom des enfants qui, pendant le dernier trimestre, par leur sagesse et leur travail, ont mérité un **billet d'honneur.**

ÉCOLE PRIMAIRE DE GARÇONS
18, rue Poussin.

1re Classe

1re Division (1re Section). — Maurice Dumure, Paul Cacheleux, Jean Martinot, Georges Bruyère, Eugène Lechevallier.

1re Division (2e Section). — Bernard Bouquet, René Martinot, Georges Vanechop.

2e Division. — Daniel Eustache, Roger Pannier, René Vasselin.

3e Division. — Edouard Lebon, Charles Fleury, André Pannier, Jacques Chéron.

2e Classe

1re Division (1re Section). — Maurice Leboiteux, Marcel Lecœur, Lucien Tocqueville.

1re Division (2e Section). — Georges Monnier, Eugène Queval, Raymond Mascrier, Georges Routier, Jules Paris.

2e Division (1re Section). — Jean Géniaux, Roger Cousin, Maurice Grosbois.

2ᵉ Division (2ᵉ Section). — René Lecœur, Maurice Mascrier, Louis Samson.

.·.

ÉCOLE PRIMAIRE DE FILLES
15, rue Poisson.

1ʳᵉ Classe

Bernadette Bourhis, Louise Duhamel, Suzanne Casaux, Yvonne Trouvé, Gabrielle Courayer, Madeleine Claudin, Irma Dupont, Germaine Hédin, Simonne Giffard.

2ᵉ Classe

Charlotte Baillet, Odette Lemonnier, Emilienne Ygout, Odette Lefrançois, Berthe Gaillard, Odette Lefebvre, Simonne Duhamel, Renée Hatton, Madeleine Bourgeois, Marie-Louise Romain, Jeannette Olivier, Charlotte Dautrême.

3ᵉ Classe

Hélène Bruyère, Gilberte Maillard, Jeanne Monnier, Laurence Dehors, Madeleine Vanéchop, Eugénie Fontaine, Simonne Ménager, Marie-Thérèse Lechevallier, Angèle Carré, Louise Harou, Fernande Laurent, Jeanne Robillard.

4ᵉ Classe

Raymonde Caudron, Berthe Saussey, Christiane Guichard, Simonne Courayer, Henriette Mandeville, Noëlla Olivier, Renée Vasseur, Camélia Hachez, Henriette Emo, M.-M. Pilven, Odette Gautier, Jeanne Aviègne, Geneviève Grenier, Madeleine Carpentier, Madeleine Caudron, Wilmina Willo.

ÉCOLE MATERNELLE
14, rue Poussin

Petits Garçons : L. Raoulas, L. Humez, Roger Vivien, Maurice Gauthier.

Petites Filles : Anne-Marie Hattinguais, Georgette Bessin, Geneviève Poulain.

Pourquoi la prononciation romaine du latin ?

Le 14 janvier 1917, Son Eminence le Cardinal Archevêque écrivait à ses prêtres : « Nous verrions volontiers la réforme de la prononciation du latin s'introduire dans nos paroisses, ainsi que nous l'avons déjà entendue mise en pratique sur certains points du diocèse... Ce faisant, on entrera dans les désirs du Souverain Pontife. »

Chers paroissiens de Saint-Nicaise, vous avez commencé aux Quarante Heures avec une entière bonne volonté et un succès des plus encourageants. Surtout pour ceux d'entre vous qui n'ont pas entendu les indications données, pour vous tous, j'écris ces quelques explications.

.·.

Tout d'abord, il faut admettre ce principe que toutes les langues ne se prononcent pas de la même manière ; elles sont composées de caractères, voyelles et consonnes, qui s'interprètent de différentes façons, suivant la sonorité propre des mots de la langue particulière qu'ils contribuent à écrire. Vouloir prononcer l'anglais à la française et réciproquement, serait un non sens. En agissant de la sorte, on s'exposerait à n'être pas compris de ses interlocuteurs étrangers ou, tout au moins, à leur procurer quelques instants de douce hilarité. Pourquoi alors vouloir prononcer le latin à la française ?

Erreur ou tout au moins exagération, dites-vous. Reconnaissons-le donc loyalement, notre façon de prononcer, fautive évidemment, était un amalgame bizarre et illogique de sons français et latins suivant le caprice de l'usage établi.

Nous prononcions la syllabe *in* tantôt in, tantôt comme la syllabe française ain.

Dein, nous le lisions avec raison dein et à tort *inde*, nous le prononcions aindé au lieu de indé. — Nous prononcions *am* en faisant sonner l'm, dans *jamjam*, et nous cessions de le faire entendre ainsi dans notre manière de dire : *ambulare*. Pourquoi ? — Nous supprimions à tort comme un son barbare l'*ou* dans la plupart des mots et nous le maintenions dans quelques-uns. Nous prononcions correctement *qua, aqua, quare* (coua, acoua, couare) en prononçant de bon cœur cet *ou* auxquels certains font une mine si rébarbative et nous disions vous savez comment *qui, quæ, quod, quo, quæsumus*. Avouons-le, bizarrerie et illogisme !

On risque parfois cette question : A-t-on toujours et partout prononcé le latin comme on nous demande de le faire ?

Évidemment non ! Nous ne conseillerions pas à quiconque voudrait prononcer le français de façon impeccable d'aller écouter comment on le parle dans le pays de Caux ; à Paris même on pousse parfois l'affectation du parler jusqu'à déformer la véritable prononciation. Il est bien probable, d'autre part, que nos arrière grand-pères de Saint-Nicaise, ceux-là qui furent si courroucés de la perte de leur boise, ne prononçaient point tout à fait comme nous autres la langue du doux pays de France. Mais, quelles que soient ces différences de lieu ou de temps, il n'en reste pas moins vrai qu'il y a une manière de prononcer le français universellement reconnue pour la bonne, la vraie, l'authentique. Il en va de même pour le latin. Qu'il y ait eu dans le passé divergence de vues pour la prononciation de certains mots, qu'il y ait actuellement encore quelques querelles de savants sur certains détails, c'est possible, les savants d'ailleurs querellent souvent ; mais les gens d'une compétence incontestée sont unanimes à proclamer que la prononciation latine qu'il nous est actuellement conseillé d'adopter définitivement est la bonne prononciation, la prononciation traditionnelle.

Beaucoup de mots français viennent du latin, tout le monde sait cela. Or, un grand nombre de ces mots en *ou* en *our* prouvent que l'*u* se prononçait *ou* autrefois, comme on nous demande de le faire nous-mêmes.

Est-ce que toux ne vient pas de *tussis*, tour de *turris*, vautour de *vultur*, poule de *pullus* qui se prononçaient évidemment *toussis, tourris, voultour, poullous ?*

On entend dire parfois que la diphtongue *ou* qui se retrouve sans cesse remplaçant notre *u* français, ne va pas sans une certaine dûreté. Nous pensons tout le contraire. Que cet *ou* si fréquent étonne un peu notre oreille qui n'y était certes pas habituée, je le concède volontiers, mais il faut le reconnaître, bien loin d'être désagréable à l'oreille, il est avéré, universellement reconnu par ceux qui ont quelque compétence dans la valeur et la propriété particulière des sons, que cette sonorité, d'un coloris très pur, est empreinte d'une réelle douceur, à telle enseigne, que les musiciens la recommandent de préférence à toute autre, quand les chœurs se font entendre bouches fermées pour moduler une harmonie en manière d'accompagnement en sourdine et discret.

A vrai dire, pour bien prononcer le latin, il faut au préalable se bien pénétrer de cette idée que les mots doivent être *bien accentués*. Même dans le français les syllabes d'un même mot ont une valeur différente. La voix se pose plus pleine et sonore sur certaines syllabes; plus faible et plus retenue, elle effleure à peine les autres. Dans *grâce divine*, par exemple, les syllabes accentuées sont *grâ* et *vi*, les deux syllabes finales *ce* et *ne*, comme dans tous les mots terminés par un *e* muet, sont passées sous silence ou à peu près.

Allons au plus court et disons qu'en latin jamais la dernière syllabe des mots n'est accentuée, mais doit être prononcée faiblement comme la dernière syllabe muette des deux mots précités. On ne prononce pas en français grâceu, divineu, mais grâc', divin'. Un peu de la même manière, dans tous les mots latins, parfois les deux dernières syllabes et toujours la dernière, doivent parvenir à l'oreille très légères et très atténuées.

Or, comme le son *ou* très doux par lui-même, exigeant que la voix s'assombrisse et s'estompe légèrement, forme le corps de la dernière syllabe d'un grand nombre de mots, il résulte de l'explication précédente que cette sonorité adoucie produit une meilleure prononciation latine, précisément parce qu'elle s'accorde davantage avec la règle fondamentale de l'accentuation.

. .

En résumé et pour conclure, nous prononçons le latin à la romaine, parce que c'est plus logique et plus harmonieux ; parce que cette prononciation est le corps très souple sur lequel s'adapteront avec une grâce parfaite, comme un vêtement aux draperies harmonieuses, les pures mélodies grégoriennes ; parce que pour nous autres, fidèles, les désirs de nos chefs sont des ordres, parce qu'enfin, dans l'espèce, par notre docilité, nous contribuerons pour notre petite part à rendre plus effective et plus complète, dans la sainte Eglise de Dieu, l'unité qui est une de ses plus nobles et plus glorieuses prérogatives.   R. D.

Citations des soldats de Saint-Nicaise

Nous inscrivons ici avec une légitime fierté, au tableau d'honneur de la Vie Paroissiale les citations suivantes de nos chers soldats qui sont la gloire de Saint-Nicaise. A eux et à leurs familles nous adressons nos plus chaleureuses félicitations.

Déjà l'objet d'une citation flatteuse à l'ordre du corps d'armée, en 1916, **M. Louis Mouy, 14, rue Daliphard,** maréchal des logis détaché à l'aviation, escadrille C 74, a successivement obtenu deux nouvelles citations le mois dernier.

L'une, du 12 janvier 1917, à l'ordre de l'armée est ainsi conçue :

« Pilote très courageux et très habile. Au cours d'une mission effectuée par l'armée belge, ayant eu son appareil gravement endommagé par l'artillerie ennemie, est parvenu grâce à son rare sang-froid, à le ramener dans nos lignes et à atterrir à proximité de nos tranchées. »

L'autre, à la date du 20 janvier 1917, et encore à l'ordre de l'armée, dit :

« Pilote très brave et possédant au plus haut degré le sentiment du devoir. A accompli de nombreuses missions dans un secteur dangereux. Le 24 décembre 1916, a eu, à 6 kilomètres à l'intérieur des lignes allemandes, les commandes d'un gouvernail coupées par le tir ennemi ; est parvenu cependant, grâce à son rare sang-froid, à ramener l'appareil dans nos lignes en passant à moins de 200 mètres au-dessus des tranchées ennemies. Ne s'est ensuite abrité du tir de l'artillerie ennemie qu'après avoir sauvé ses appareils de bord. »

On ne saurait trop féliciter l'énergique sous-officier aviateur qui, par trois fois en moins de quelques mois, a mérité de si hautes attestations de ses chefs. Appartenant à la classe 1913, engagé volontaire, M. Louis Mouy servait au 7e chasseurs à cheval au moment de la déclaration de guerre. Il est passé depuis dans l'aviation où il se distingue, comme on voit.

.•.

M. Louis Vauclin, demeurant à Rouen, rue des Capucins, 39, caporal à la 5e compagnie du 4e bataillon de chasseurs à pied, a été l'objet des deux citations suivantes à l'ordre du régiment :

17 décembre 1916. — « Très bon gradé, énergique et brave. Sous un bombardement intense, s'est dévoué à plusieurs reprises pour dégager des chasseurs ensevelis par des éboulements. »

17 janvier 1917. — « A fait preuve de hardiesse et de sang-froid en allant placer des fils de fer en avant des tranchées françaises et à proximité des tranchées allemandes. »

.•.

M. Henri Fortier, demeurant à Rouen, rue des Capucins, 39, sapeur-mineur au 2e génie, compagnie 17/13 (citation à l'ordre du génie le 25 septembre 1916 à Verdun):

Excellent sapeur, courageux, dévoué ; s'est distingué par son sang-froid du 1er au 25 septembre 1916 dans un secteur soumis à des bombardements d'une extrême violence. »

.•.

M. Alfred Duval, demeurant à Rouen, rue Orbe, 38, soldat au 74e régiment d'infanterie, a été cité à l'ordre de la division dans les termes suivants, le 29 octobre 1916 :

« Excellent soldat, dévoué, très courageux. Etant dans un petit poste, a vu le chef de poste et ses camarades tués ou blessés par une torpille. Est resté seul au petit poste, continuant à assurer la surveillance et rassurant par son exemple les blessés du petit poste. »

M. Eugène-Jules Leleu, brancardier au 21e territorial d'infanterie, demeurant à Rouen, rue des Deux-Anges, n° 4, a été tué à l'ennemi le 2 novembre 1916. Marié et père de deux enfants, M. Leleu était âgé de trente-neuf ans. Il a été l'objet de la citation suivante :

« Au front depuis le début de la campagne. A rempli son devoir avec zèle et dévouement A été tué le 2 novembre 1916. »

La croix de guerre sera remise à la femme du brave soldat.

M. Georges Boidart, linotypiste, demeurant à Rouen, 10, rue de la Roche, sergent au 402e régiment d'infanterie, mort au champ d'honneur, a été l'objet de cette citation à l'ordre de la division :

« A été tué le 22 février 1916, au moment où, parvenu au réseau de fils de fer ennemi, il encourageait de la voix et du geste, les hommes à le franchir. »

Ce brave soldat laisse une jeune veuve et deux enfants.

Nous prions Madame Eugène Leleu, Madame Georges Boidart et leurs enfants, de bien vouloir agréer en même temps nos respectueuses et très sincères condoléances.

Madame **PRUDENT**

Le 21 février, à 10 h. 1/4, on célébrait à Saint-Nicaise la cérémonie religieuse des obsèques de la vénérable et digne mère de M. le chanoine Prudent, membre du Chapitre métropolitain et vicaire général honoraire du diocèse de Rouen.

En reproduisant les quelques paroles prononcées par M. le Curé de Saint-Nicaise, nous prions M. le chanoine Prudent de bien vouloir agréer nos plus respectueuses et plus sincères condoléances.

« J'irais, je crois, contre la volonté même de la vénérée

et très regrettée défunte, si j'essayais ici de faire son éloge. Je laisse au Bon Dieu le soin de la féliciter, de la récompenser surtout de la simplicité chrétienne de la haute dignité de sa vie toute remplie de foi, de confiance et de tendre piété.

Entourée jusqu'en ses derniers instants de l'affection délicate et bien touchante du meilleur des fils, comblée des charmantes attentions de toutes celles qui la vénéraient et la chérissaient comme une bonne aïeule, elle s'est pieusement endormie en donnant son dernier regard et le dernier battement de son cœur à l'image de son Dieu et au fils éminent et bon qui fut la joie, l'honneur et la consolation de sa vie.

Je prie M. le chanoine Prudent de bien vouloir agréer les respectueuses sympathies de la paroisse Saint-Nicaise tout entière et de compter sur nos meilleures et plus fidèles prières, pour qu'au plus tôt — si ce n'est déjà fait — les anges de Dieu mènent au Paradis sa mère bien-aimée. »

Son Eminence le Cardinal-Archevêque qui avait eu la délicate bonté de venir bénir et réconforter de son auguste présence la vénérée malade, avait tenu à se faire représenter aux obsèques par deux de ses vicaires généraux. Bien précieuses manifestations de sympathie auxquelles nous joignons les nôtres pour modestes qu'elles soient, à l'adresse de M. le chanoine Prudent, qui est depuis si longtemps de fait et de cœur, de Saint-Nicaise.

LE FROID

L'abbé Moreux, dans le *Petit Journal*, donne ces prévisions :

« Depuis plus de vingt ans que j'étudie le soleil, je me crois en mesure d'affirmer ceci :

Après une très grosse activité solaire, nous avons une période humide, pluvieuse, à température fraîche et au-dessous de la moyenne. Cette période dure de seize à dix-sept ans : commencée peu après 1900, cette période prend fin théoriquement en 1918, chiffre que j'avais déjà fixé dès 1902.

A partir de cette époque, la pluie diminuant sensiblement *en moyenne*, les saisons se régulariseront et ainsi que je l'ai déjà dit à mes lecteurs, nous reverrons des étés très chauds et des hivers très froids, mais la distinction entre les dix-sept ans de pluie et les dix-sept années de sécheresse n'est pas coupée aux ciseaux. Rien dans la nature ne se fait brusquement ; le coup de cet hiver, déjà annoncé l'année dernière par une période rude en Europe occidentale, n'est qu'un prélude. C'est un avertissement pour nous. D'ores et déjà prenons nos précautions pour les années suivantes.

Quelle que soit la durée de la guerre, nous aurons besoin de charbon pour nos usines, pour nos munitions, pour notre éclairage. Sachons comprendre dès maintenant que nos hivers rigoureux exigeront un chauffage plus intense ; si savoir c'est prévoir, prévoyons l'échéance. »

De toutes les souffrances que nous imposent le froid excessif aujourd'hui, l'excessive chaleur demain, faisons notre profit, par la patience, pour la sanctification de notre âme.

Les « Bouffeurs » de Curés

Sur la route qui va vers P..., un soir de la semaine dernière, le vieux père Giraud, sa serpe sous le bras, rentre à sa ferme. Il rejoint la vieille mère Durand qui trottine devant lui, traînant un petit fagot de bois sec......

— Pas chaud, mère Durand ?...

— Eh non ! père Giraud, pas chaud !...

— Ça va-t-il mère Durand ?

— Ça va et ça ne va pas ! Il y a quelque chose qui m'agace.... Tenez, je n'ai pas dormi de la nuit.... Il paraît que notre député ne veut plus qu'il y ait des prêtres dans les ambulances pour soigner nos blessés ou les aider à mourir, ni dans les groupes de brancardiers pour les ramasser doucement ou les enterrer avec une prière.

— Bah !

— Il y a un député qui a dit : « Moi pendant la guerre je bouffe du curé ». Comme lui et ses pareils, malgré leur appétit ne peuvent tout de même pas les bouffer tous tout vivants, ils ont trouvé le moyen de les faire tuer. Les Boches en ont déjà tué   dans les tranchées, sans compter ceux qu'ils ont massacrés en Lorraine, en Belgique et dans les pays envahis....

—   , mère Durand !

— Oui, père Giraud, plus de   curés se sont fait tuer dans les tranchées.... On dit même — et ça été dit à la Chambre — que sur   Jésuites qui sont revenus en France pour défendre la Patrie

                sont déjà tombés....

        .... On ne peut tout de même pas dire qu'ils étaient embusqués ceux-là !...

— Oui, évidemment, mère Durand, oui, mais pourquoi voulez-vous qu'on mette spécialement les prêtres dans les ambulances ?...

— Comment, père Giraud, vous ne comprenez pas ça, vous ? (*Et la vieille, soudain s'arrêtant et redressant son front tout ridé, sembla tout à coup devenir une autre femme*). Pourquoi les prêtres auprès des blessés ? Parce que, voyez-vous, quoi qu'on pense des curés, il faut bien admettre qu'ils ne sont pas faits pour se battre, eux qui passent leur vie à prêcher la bonté, la charité et le pardon des injures.... C'est d'ailleurs ce qu'on a compris toujours et partout et ce qu'on comprend maintenant encore en Italie, en Angleterre, en Russie, en Allemagne, en Autriche et même en Turquie.... parce que ces hommes-là qui touchent tous les matins avec leurs doigts consacrés le corps du bon Dieu auront les mains plus douces que d'autres pour toucher le corps tout saignant de nos petits.... parce que nous voulons, nous, les mères, qu'il y ait pour nous remplacer au chevet douloureux où ils agonisent quelqu'un qui sache leur parler du bon Dieu et de leur maman.... parce que ces victimes qui nous sont chères ont besoin, à défaut de nos mains maternelles, de mains sacerdotales pour les offrir.... parce que nous savons qu'à cette heure épouvantable où ils sentent, emportant par la blessure ouverte leurs rêves, leurs affections, leurs amours, s'échapper le sang que nous leur avons donné, presque tous nos petits se souviennent du bon Dieu, de leur maman et de leur enfance et qu'ils sont heureux d'avoir près d'eux le prêtre qui les console, qui les soutient, qui ne les bouscule pas, qui trouve tout naturel de les appeler mon enfant! qui ne les considère pas comme un simple numéro d'hôpital, et qui, à travers les chairs déchirées et béantes reconnaît les palpitations d'une âme sur laquelle il se penche amoureusement et qu'il décide à partir en souriant vers les certitudes éternelles.... parce que nous ne voulons pas qu'on enterre de la même façon, sans un geste qui les distingue, les chevaux crevés et nos enfants morts.... parce qu'enfin, père Giraud, mais vous ne comprenez pas cela, vous, les hommes, parce que nous, les mères, nous avons un cœur fragile qu'on doit ménager. Quand il faut arrêter le délicat balancier parce qu'il n'y a plus personne pour entendre son tic-tac d'amour, n'importe qui ne peut pas faire cela! N'importe qui ne peut pas dire à une mère : « C'est fini, vous ne le reverrez plus, votre enfant mort.... » Eux, ils ont la manière. Depuis le temps qu'ils se penchent sur la souffrance, ils savent le moyen d'arrêter tout doucement, sans le briser, un cœur qui n'a plus d'enfant à aimer. Comprenez-vous cela, père Giraud?...

— Vous avez peut-être bien raison? mère Durand, mais que voulez y faire?... Notre député....

— Notre député!... Vous pouvez lui dire qu'il peut bouffer du curé tant qu'il voudra, jusqu'à en crever, mais qu'il n'a pas le droit, tout député qu'il est, même en temps de famine, de bouffer le cœur des mères,

Et la vieille s'en alla, tremblante de froid et de colère, traînant son fagot de branches mortes sur la route où la nuit descendait, glacée....

LE PÈLERIN.

Un combustible économique

Si l'on dispose de beaucoup de vieux papiers, propres ou sales, peu importe, on peut en tirer un combustible de tout premier ordre, moyennant un peu de main-d'œuvre.

La première opération consiste à mettre les vieux papiers tremper dans une cuve largement pourvue d'eau; chaque jour, à l'aide d'une pelle ou d'un vieux balai, on agite ce barbottage. Quand le papier est parfaitement mouillé, pénétré, détrempé, l'on prend à pleines mains de cette pâte que l'on presse en lui donnant la forme d'un œuf ou d'un boulet. Au bout de quelques jours ou de quelques semaines, selon la température du lieu où on les met sécher, ces boulets sont secs ou à peu près, on peut alors les brûler dans un foyer bien allumé, ils donnent une chaleur très forte.

Quelques amateurs prennent même une précaution de plus : Quand le boulet est formé entre leurs mains, ils l'enroulent dans un papier sec, telle une papillote de confiseur.

L'heure est grave...

Le chancelier Bethmann-Hollweg, dans le discours de combat où il appelait à l'aide de l'Allemagne toutes les forces de terre et de mer, finissait par ces mots : « *Mais le succès dépend de quelqu'un de plus haut...* »

Cette parole d'un ennemi, je la retiens aujourd'hui.

Engagé dans la plus formidable lutte de l'histoire, chaque pays fait appel à la totalité de ses ressources physiques, morales et religieuses.

Combien il serait coupable que le *suprême* effort catholique ne soit pas à la hauteur du *suprême* effort militaire.

Comme ce serait folie de croire à nos seuls canons et au seul génie de nos chefs !

C'est en vain que le cultivateur jette sa semence au

travers des champs, si Dieu ne fait pas luire son soleil et tomber sa pluie.

Rappelez-vous la sublime envolée de Bossuet : *Celui qui règne dans les cieux, et de qui relèvent tous les empires... Soit qu'il élève les trônes, soit qu'il les abaisse... soit qu'il communique sa puissance, soit qu'il la retire à lui-même... il fait voir que toute majesté est empruntée, et que, pour être assis sur le trône, ils n'en sont pas moins sous sa main et sous son autorité suprême...*

Ce Dieu existe toujours...

Comme disait Jeanne d'Arc : « Les soldats bataillent, mais c'est Lui qui donne la victoire. »

Ces vérités essentielles, nos héros du front les vivent, et ils les crient à ceux de l'arrière.

Je ne compte plus les lettres de poilus de la Somme et de Verdun qui, littéralement, « *mendient* » des prières.

Quel article je ferais, avec de simples phrases écrites au crayon, dans la tranchée, sur du papier chiffonné !

Qu'on me permette de citer ici une seule lettre que vient de m'envoyer un commandant d'infanterie, l'arme sacrée, dont la souffrance dépasse celle de toutes les autres. Et si je cite plutôt cette lettre, c'est qu'elle me semble résumer l'ensemble de celles que j'ai reçues.

La voici, et je n'en change pas une ligne :

« Ce 25 janvier 1917.

« Monsieur le Curé,

« Je me permets de vous soumettre une idée qui tient très à cœur à beaucoup de soldats catholiques.

« A la veille des offensives, ... ces soldats acceptent d'avance tous les risques, toutes les souffrances qui les attendent.

« Mais ils voudraient être assistés par les catholiques de l'arrière.

« Nos moyens matériels se sont accrus progressivement d'une façon prodigieuse : on parle de mobilisation civile, on perfectionne l'instruction et l'entraînement des troupes.

C'est autant de puissants facteurs de succès ; mais cela ne suffit pas à donner la victoire ; il faut encore l'aide de Dieu.

« Cette aide, les catholiques de l'arrière ont le *devoir absolu* de nous l'assurer.

« Or, que voyons-nous à l'arrière ?...

« Sous couleur d'optimisme et de bon moral, on s'efforce d'estomper le tableau effrayant de la dure vie que mène le soldat dans les secteurs d'attaque comme Verdun ou la Somme.

« Trop souvent on se presse d'oublier les deuils, et, sous prétexte de la reprise des affaires, chacun, assez tranquillement, vaque à ses affaires... ou à ses plaisirs, en se reposant sur le soldat du soin de faire la guerre et de remporter la victoire.

« Le beau mouvement religieux du début s'est essoufflé — comme cela est humain !... — les prières publiques sont moins suivies. Bref, les initiatives religieuses nous paraissent trop à la mesure du temps de paix, et disproportionnées au secours immense — unique dans l'histoire — qu'elles voudraient obtenir du cœur miséricordieux du Christ.

« Pour que leur courage ou leur mort mène à la victoire, que demandent les soldats catholiques à leurs frères de l'arrière ?...

« Pas même la conversion nationale totale du pays, ni le retour aux grands élans de foi de notre histoire, ni la participation du pouvoir aux manifestations catholiques.

« Cela, certes, ce serait le retour de Dieu parmi nous.
. . . .
Mais quelques jours ne suffisent pas pour de si vastes résultats... Et le temps presse !

« Nous demandons très simplement, mais très fortement, que les catholiques s'associent *d'urgence* par une
. . . . appropriée aux grands combats que nous allons soutenir.

« Et même nous implorons une décision unanime et prompte. Il faut que cette mobilisation religieuse soit vite réalisée, et qu'elle soit achevée à l'heure *imminente* des sanglantes batailles.

« La première semaine de Carême, ou la première quinzaine de mars, ou la période des Cendres, à l'Annonciation ?... Mais il faut se hâter... *il faut que la pression surnaturelle concorde avec la poussée militaire, la soutienne, la renforce, la couronne...*

« Les soldats catholiques auraient-ils à profusion des canons, des obus, des engins, du matériel, s'ils ne l'avaient réclamé à cor et à cris ?... Aujourd'hui, ils réclament des prières qui, elles aussi, sont des munitions.

« Chacun doit s'adresser à qui peut l'entendre... Je m'adresse à vous, Monsieur le Curé, qui pouvez frapper à tant de portes...

« Veuillez agréer, etc...

« N.. ,

« *Commandant au ...^e d'infanterie.* »

∴

Et je frappe !...

Il me semble que je manquerais à mon devoir si je ne jetais pas aux quatre coins de mon cher pays cet appel suprême à la prière.

L'heure est grave... la décision approche. De nouveau la mort, les ailes grandes ouvertes, va planer sur nos régiments... Il *faut* que les âmes aient quelque chose de la force même de Dieu.

Que ce qui fut, et reste la France...

Que tout ce qui croit aux forces morales et religieuses...

Que tout ce qui aime le Christ, Dieu des petits et des humbles, Dieu de justice et de pitié...

Que tous ceux-là entendent l'appel des soldats du front...

Et par la prière, par la pénitence, par l'acceptation ou même la recherche du sacrifice, qu'ils forcent enfin la décision de Dieu !...

PIERRE L'ERMITE.

Le Gérant : CH. BARRÉ.

Imp. de la Vicomté. — Rouen, 75, rue de la Vicomté.

Dans le courant du trimestre dernier, il a été trouvé dans le tronc de saint Antoine de Padoue, à Saint-Nicaise, **1.534** lettres exprimant : **2.232** demandes et **170** grâces obtenues.

On a recommandé aux prières des associés le mardi et le dimanche de chaque semaine et on recommande aux prières des lecteurs de la *Vie Paroissiale* : 24 grâces spirituelles, 26 grâces temporelles, 35 guérisons, 125 conversions, 30 affaires importantes, 3 demandes de préservation, 1 de persévér., 130 de bonne mort, 2 de premières communions ou de communions ferventes, 127 vocations, 7 examens ou concours, le recouvrement de 133 créances, de 56 objets ou sommes perdus, 25 mariages chrétiens, 1 heureuse délivrance, 51 demandes de place ou emploi, 46 de santé, 5 opérations, 5 demandes de réconciliation, 8 d'union et de paix dans des familles, 114 défunts, 4 demandes de progrès dans les études, 2 personnes en voyage, la réussite de 2 procès, de 19 affaires ou entreprises, 938 grâces particulières, 84 demandes pour des maisons religieuses d'éducation, 103 pour des communautés religieuses, 73 personnes ou familles se mettant sous la protection de saint Antoine, 10 personnes affligées, 23 demandes de protection pour la France.

On recommande 5.150 soldats en campagne.

. * .

Pour l'extension de la gloire du Bienheureux, les personnes qui déposent une offrande dans le tronc de saint Antoine en remerciement d'une **grâce obtenue**, sont priées de ne pas oublier de le mentionner par un des mots : remerciements, action de grâces, grâce obtenue, reconnaissance.

. * .

Très vifs remerciements à tous nos bienfaiteurs, à ceux surtout qui, par erreur, n'auraient pas été remerciés au moment où ils ont envoyé leurs offrandes.

. * .

On trouve le **Manuel paroissial de Saint-Antoine de Padoue**, à la Sacristie, 15, rue Poisson, et 14, rue Saint-Nicaise. PRIX : **O fr. 25.**

. * .

La crise du papier ayant augmenté nos frais de façon considérable, nous serions bien reconnaissant aux lecteurs de la *Vie Paroissiale* qui ne l'auraient encore fait, quelques-uns depuis plusieurs années, de bien vouloir avoir la bonté de penser à envoyer le prix de leur **abonnement**, ou mieux encore une offrande de 5 francs qui donne droit au titre de *bienfaiteur*.